QUAND LA MORT FAIT REVIVRE

Récit de la perte d'un bébé

QUAND LA MORT FAIT REVIVRE

Récit de la perte d'un bébé

Maimouna N'diaye

En application de l'art. L.137-2.-I. du code de la propriété intellectuelle, toute reproduction et/ou divulgation de parties de l'œuvre dépassant le volume prévu par la loi est expressément interdite.

© Maimouna N'diaye, 2024

Édition : BoD · Books on Demand GmbH, In de Tarpen 42, 22848 Norderstedt (Allemagne)
Impression : Libri Plureos GmbH, Friedensallee 273, 22763 Hambourg (Allemagne)

ISBN : 978-2-3225-2454-9
Dépôt légal : Août 2024

Pour toutes celles confrontées de près ou de loin,

LEXIQUE

sallallahu 'alayhi wa sallam	Que la paix d'Allah et ses bénédictions soient sur lui
Al hamdoulilah	Louanges à Allah
Soubhanallah	Gloire à Allah
Allahouma barik	Qu'Allah vous bénisse
Ina lilahi wa ina ileyhi rajioun	À Allah nous appartenons et vers Lui se fera le retour
Allah soubhana wa ta ala	Allah qu'Il soit glorifié et exalté
Aleyhi salam	Que la paix soit sur lui
Bi idhni llah	Avec la permission d'Allah
Sakina	Sérénité
Shukr lilah	La gratitude envers Allah
Tawakul	La confiance en Allah
In cha allah	Si Allah le veut
Kheyr in cha Allah	Que du bien si Allah le veut
Salat janaza	Prière mortuaire

INTRODUCTION

Au nom d'Allah le Tout Miséricordieux, le Très Miséricordieux.

Toutes les louanges appartiennent à Allah, nous le louons, demandons Son aide et implorons Son pardon. Et nous cherchons refuge auprès d'Allah contre le mal de nos âmes et de nos mauvaises actions.

Celui qu'Allah guide, nul ne peut l'égarer,
et Celui qu'Il égare, nul ne peut le guider.

Je témoigne que nul ne mérite d'être adoré en dehors d'Allah, Seul et sans associé, et je témoigne que Mouhamad sallallahu 'alayhi wa sallam est Son serviteur et Son messager. Que les prières et les salutations abondantes d'Allah soient sur lui ainsi que sa famille, ses Compagnons et tous ceux qui les suivent dans le bien jusqu'au jour du jugement.

Beaucoup d'entre nous sont confrontés de près ou de loin à des évènements qui marqueront notre vie à jamais.
Le Très-Haut a attribué à chacun de nous des destins différents.
Nous jonglons entre les joies, les peines, la résignation et l'exaltation. Nous faisons preuve de résilience et d'abnégation pour pouvoir surmonter ces épreuves.

À travers ce récit authentique et non romancée, j'espère atténuer la peine de mes sœurs qui auraient vécu une épreuve similaire. Sachez que derrière toute difficulté se trouve une lueur d'espoir.
En tant que croyante, je désire laisser une trace sur Terre, je veux être utile à mes sœurs et à ma communauté.

Qu'Allah fasse de ce livre une aumône continue. Amin.

Je vais vous livrer un bout de ma vie. Une épreuve qui changea ma vie à jamais.

CHAPITRE I

LE DESIR

Dans ce monde qui va à vitesse grand V, on ne prend plus la peine de s'arrêter. Tout tourne autour de nos projets, du lendemain. Tandis qu'à Allah appartient le futur.
C'est Lui qui devrait être le centre de notre vie.
Nous vivons à la minute près, programmant toutes nos envies, nos désirs, et projetant nos rêves des années à l'avance comme si nous avions un quelconque pouvoir sur la vie.
Cette vie qui appartient à Allah. Cette vie éphémère qui ne mérite même pas que l'on s'y attarde. Ce mirage.

J'avais un désir d'enfant irrépressible, ardent, bien que Notre Seigneur m'ait déjà gratifiée de deux magnifiques enfants, Ali et Assa. Je ressentais cette envie au fond de mes tripes d'avoir à nouveau un nourrisson, de retourner dans la maternité, d'allaiter et de prendre soin d'un bébé. Mon métier d'éducatrice de jeunes enfants aussi contribuait à ce besoin. Être au contact des jeunes enfants augmentait mon souhait de porter à nouveau la vie.
Je me posais tout un tas de questions, calculant l'arrivée d'un probable bébé avec la prise d'un nouveau poste, programmant mon futur moyen de garde et songeant à comment je pourrais harmoniser ma vie personnelle et professionnelle en ayant un tout petit.
Au mois de novembre 2021, j'avais un pressentiment étrange. Je sentais que j'étais enceinte. Ce sont des choses qui ne s'expliquent pas.
Je n'avais pas encore fait de test que je me savais portant la vie.

Le 4 décembre 2021, soit 1 mois après avoir retiré mon moyen de contraception, ne voyant pas mon cycle menstruel arriver, je me suis acheté un test de grossesse. J'ai attendu 22 h, l'heure à laquelle j'ai terminé de remplir mes responsabilités en tant que mère.
Le foyer était propre et les enfants dormaient à poings fermés.
Assise sur les WC, je déchire soigneusement l'emballage du test de grossesse, urine dessus et le retourne. Le stress est à son comble, je ferme mes yeux et laisse passer ces quelques minutes qui me paraissent interminables.
J'ouvre les yeux ; les mains tremblantes, je retourne délicatement le test de grossesse. Les larmes me montent aux yeux. Deux traits rouges me font face.
Si je ne me trouvais pas dans les toilettes, je louerais le Nom d'Allah tellement je suis choquée et reconnaissante.
En moins d'un mois, me voilà enceinte, tandis que des milliers de femmes dans le monde rencontrent des difficultés pour enfanter.
Al hamdoulilah.

Je n'avais pas rêvé lorsque j'avais ce pressentiment, c'était bien réel. Je portais la vie, j'allais devenir mère pour la troisième fois In cha Allah.

CHAPITRE II
LA GROSSESSE

Les jours et les mois passaient, ma grossesse se déroulait bien. Les examens étaient tous bons pour mon plus grand bonheur. J'avais quelques symptômes de femme enceinte, mais al hamdoulilah, ils étaient minimes comparés à certaines femmes.

Vers le sixième mois de grossesse lors de la seconde échographie, et après avoir réussi à convaincre mon époux ; nous avons décidé de ne pas connaître le sexe. En effet, je ne souhaitais pas faire de projections sur cet enfant.
Ayant déjà une fille et un garçon, le sexe m'importait peu. C'est naturellement que je me suis mise à faire des achats de puériculture non genrés, à acheter des vêtements unisexes, beaucoup de blanc et de beige.
Ma famille spéculait sur le sexe du bébé à venir.
Petit garçon ou petite fille, les paris étaient lancés.

Mon petit plaisir de grossesse fut de m'offrir la poussette Yoyo 2. Je l'ai sélectionnée méticuleusement comme on sélectionne une voiture chez un concessionnaire. Cette poussette, je la voulais vraiment ; sa praticité et son petit gabarit me plaisaient. Ne connaissant pas le sexe du bébé, j'optai pour des accessoires en noir.

Lors de mes consultations mensuelles à l'hôpital, je soumis mon projet de naissance à l'équipe médicale.
Je souhaitais un accouchement physiologique et sans péridurale.
Je suis convaincue que le corps de la femme sait faire. Je voulais sentir toute cette douleur puissante, ce pouvoir

d'enfantement que seule la femme connaît. Je me renseignai sur les techniques alternatives à la gestion de la douleur : ballons, respiration, acupuncture…

Tout était à prendre. Dans le projet de naissance, j'avais précisé que je souhaitais faire un allaitement exclusif, et un clampage tardif du cordon ombilical.

Au septième mois de grossesse, je passai mes examens de fin d'études.

C'était une période très stressante. J'écrivais un mémoire intitulé : « L'accueil des émotions des jeunes enfants en collectivités ». Ce sujet m'intéressait particulièrement.

L'enfant a très tôt besoin de partager ses émotions pour leur donner un sens et se sentir exister. Malheureusement, en tant qu'adultes, nous avons tendance à minimiser leurs émotions. Une partie de mon mémoire traitait de la façon dont il faut accompagner ces différentes réactions.

Pendant ce moment de grand stress, entre la rédaction du mémoire, la préparation des oraux, mon foyer, mes responsabilités diverses, mon statut de mère, femme, fille, sœur et amie, je ne m'y retrouvais plus.

J'étais constamment débordée et petit à petit je négligeais mes adorations quotidiennes.

Ma foi a baissé et je m'en rendais compte.

J'étais tiraillée entre les remords et la fatigue.

Je demandais sans cesse pardon à Allah, lui promettant que je me rattraperais une fois que j'aurais accouché et que je serais moins fatiguée. Je me dégoûtais. Comment pouvais-je être aussi ingrate envers Celui qui m'a octroyé tous ses bienfaits ?

Mon état de fatigue émotionnelle et physique faisait que mon doux bébé, comme s'il se rendait compte de l'accumulation de fatigue et de l'état de stress dans lequel sa maman était, me laissait tranquille.

Il se faisait tout discret. Mon ventre était si petit à 8 mois de grossesse qu'on me croyait en début de grossesse.

La sage-femme m'avait dit lors de la dernière échographie : « Oh, madame, votre bébé est immense. Très longiligne, harmonieux, mais très grand. Je l'estime à 54 cm à la naissance. » Waouh, très contente de cette nouvelle, il me fallait oublier les vêtements taille naissance et opter pour du 3-6 mois d'emblée.

J'avais vu sur les réseaux sociaux que pour annoncer l'arrivée du bébé aux aînés, le parent offrait aux enfants un cadeau de bienvenue de la part du nouveau-né.

J'ai trouvé cette attention trop mignonne.

C'est vrai qu'une grossesse est longue et éreintante et que par inadvertance, il nous arrive de négliger les plus grands. Ce fut mon cas. Auparavant, nous faisions beaucoup de sorties extérieures, d'activités manuelles et de jeux de société. Je m'en voulais d'être sans cesse fatiguée. Pour me racheter auprès d'eux, je pris à Ali et Assa, alors âgés de 6 ans et 5 ans, des montres digitales. Je n'avais pas idée à quel point ces montres allaient m'être utiles.

La fin de grossesse a marqué la fin de mes études, j'ai obtenu mon diplôme convoité. Al hamdoulilah, un nouveau chapitre s'ouvrait pour moi.

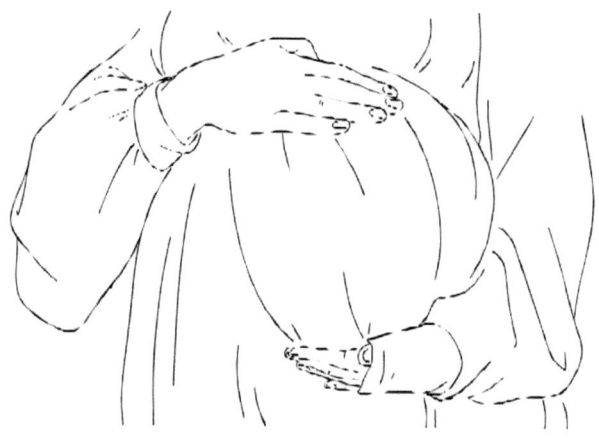

CHAPITRE III
DESILLUSION

Un jour d'été, tandis que j'étais entrée dans mon terme, mes amies et moi avons décidé de nous retrouver pour faire un pique-nique avec nos enfants. Nous avions tout préparé : les nattes, les sandwiches, la boisson et les jeux d'extérieur.

Ce jour-là, je portais une abaya noire, des chaussettes blanches et des baskets.

Le parc se trouvait à 6 stations de bus de chez moi, j'ai préféré ne pas prendre la voiture et opter pour un peu de marche. Tout était bon pour favoriser le travail. Accompagnée de mes enfants, nous avons marché jusqu'à l'arrêt de bus et attendu celui-ci une dizaine de minutes.

C'était l'heure de pointe, le bus était bondé de monde. Nous avons pu monter et nous frayer un chemin.

Je me suis mise au coin poussette avec mes enfants près de moi. Une station, deux stations, un feu rouge et splash.

Je ressens une légèreté immédiate dans mon ventre et un liquide couler le long de mes jambes.

Je crois avoir perdu les eaux dans le bus.

A la troisième station, le bus s'arrête. Personne ne me remarque, j'extirpe mes enfants et nous nous empressons de descendre du bus.

À l'arrêt de bus, je rentre ma main sous l'abaya, je touche ma cuisse pour vérifier ce liquide qui coule toujours, il est rouge.

N'ayant jamais perdu les eaux spontanément, je ne sais pas si c'est normal qu'il y ait du sang.

En remontant l'abaya, je vis mes chaussettes blanches qui étaient devenues rouge sang.

Ma fille Assa, phobique du sang, se mit à pleurer :
— Maman, tu t'es fait mal au pied, tu saignes du pied. Tu saignes du pieeeed.
Tentant tant bien que mal de la consoler, tout en appelant mon mari, j'essayais de ne pas céder à la panique.

Une femme près de moi se rendit compte de la flaque de sang dans laquelle je me tenais debout.
Elle regarda mon ventre et le sang à terre qui continuait de couler. Toute tremblotante et les larmes aux yeux, elle me dit :
— Madame, vous saignez… Il faut appeler les pompiers.
— Oui, j'appelle mon mari, il va m'emmener à l'hôpital. Ne vous en faites pas, madame, je suis à terme, lui dis-je.

J'essayais de rassurer cette femme qui s'en faisait pour moi et mon bébé.

Mon mari vint nous récupérer à l'arrêt de bus, et nous prîmes la direction de l'hôpital. En chemin, je lui expliquai ce qui s'était passé. Les enfants assis derrière la voiture pleuraient en silence.
— Tu saignes du pied et on ne pourra même pas partir au pique-nique, disaient-ils.
Cela me faisait sourire et je leur promis que ce ne serait que partie remise in cha Allah.

Durant le trajet, je ne parlais pas beaucoup, j'avais hâte d'arriver à l'hôpital.

Je me disais intérieurement : nous y sommes, je vais enfin accoucher et rencontrer mon doux bébé. Mon petit amour que j'ai tant attendu. Ce petit être que j'aime déjà tant. J'étais impatiente de découvrir son sexe, de savoir si c'était une petite fille ou un petit bonhomme.

Arrivée aux urgences de l'hôpital, je patientai en salle d'attente en attendant la sage-femme.
Mon époux dut rester à l'extérieur, car il était avec les enfants.
La sage-femme m'appela et me posa quelques questions sur ma venue. Je lui expliquai que j'étais à 39 semaines d'aménorrhées et que je venais de perdre les eaux et du sang.
Je m'installai sur le brancard, elle me fit une rapide échographie puis m'annonça :

— Madame, je vais vous transférer en salle de naissance. La chef de service viendra vous voir, j'ai un peu de mal avec mon appareil. À tout à l'heure.
Sur le moment, je n'avais pas compris.

Je me suis alors installée dans la salle n° 7 en attendant la chef de service. Quelques minutes plus tard, une équipe de cinq personnes entra dans la chambre.
Parmi elles, le médecin du service des urgences maternité, deux internes en gynécologie, une sage-femme et une auxiliaire de puériculture.

Je n'avais toujours pas compris.

La chef de service se présenta à moi, elle s'installa pour me faire une échographie. À ce moment, je lui expliquai que je ne connaissais pas le sexe du bébé et que je voulais garder la surprise. C'est une habitude que j'ai eue lors des examens pour éviter que l'équipe médicale ne trahisse le secret. Je remarquai qu'elle ne me répondit pas.

Elle continua son examen, et passa avec la sonde sur tout mon abdomen sans un mot.

Quelques minutes plus tard, elle se retourna vers moi et me dit d'un ton glaçant :
— Madame, je suis désolée, mais il n'y a plus d'activité cardiaque.
— Hein ? lui répondis-je estomaquée.
— Oui, il n'y a plus de battements [...] Il se peut qu'il n'y ait plus assez de liquide amniotique dans le placenta, ce qui a entraîné le décès. Ou cela est peut-être dû à un décollement placentaire. Cependant, on ne pourra le savoir qu'avec des examens complémentaires.

C'était trop tard, je n'entendais plus rien.
Mes oreilles bourdonnaient, la pièce s'était assombrie.
Ces mots prononcés avec une telle dureté m'avaient fait vaciller.
Je fixais le plafond pour trouver un point d'ancrage.
Un point où m'accrocher pour ne pas chavirer. Un flot de larmes coulait silencieusement le long de mon visage.
Al hamdoulilah, Ina lilahi wa ina ileyhi rajioun.

Cet enfant que j'avais tant désiré n'était plus, Allah a repris son âme. Je pensais en venant à l'hôpital que j'allais donner la vie. Non, j'étais confrontée à la mort. Je me sentais vide, hors du temps.

L'équipe me laissa le temps de digérer cette nouvelle, et m'expliqua les étapes à venir.
Il fallait que je l'annonce à mon mari, qui m'attendait à l'extérieur de la salle d'attente.
Je venais de perdre mon enfant, et je devais briser les espoirs de paternité de mon mari. Comment allait-il le prendre ? Notre couple surmonterait-il cette épreuve ? Aurions-nous la force de nous épauler mutuellement ?
Je me posais tout un tas de questions.

Lorsqu'il rentra dans la salle de naissance et me vit, il comprit. Je lui dis d'une voix sourde que c'était fini.
Il s'est montré très brave et soutenant.
Pendant ce temps, une auxiliaire de puériculture s'est occupée des enfants en attendant que ma sœur vienne les récupérer pour les emmener chez ma mère.

CHAPITRE IV

L'ACCOUCHEMENT

L'équipe médicale fut très bienveillante envers moi.
La sage-femme me déclencha l'accouchement par voie intraveineuse.
Tout le projet de naissance que j'avais écrit s'était envolé, l'envie d'accoucher sans péridurale, d'avoir un accouchement physiologique, tout cela réduit à néant.
Mon doux bébé était mort.
Allah soubhana wa ta Ala m'a montré qu'on peut tout programmer, tout planifier, c'est Lui qui est au contrôle.

La sage-femme me proposa la péridurale et je l'acceptai.
Pourquoi souffrir davantage ? Je portais la mort en moi.
Ils pouvaient faire ce qu'ils voulaient, cela m'était égal.

Le travail avançait doucement, je réussis à me reposer.
L'auxiliaire de puériculture vint me voir et me demanda si je souhaitais rencontrer mon enfant. Bien évidemment. Comment pourrais-je refuser cela ? Je la questionnai alors sur le sexe, je voulais savoir. Je voulais trouver un nom à mon bébé.
Elle alla consulter mon dossier et revint me dire.
C'était un garçon.

Le travail s'accéléra, les contractions se rapprochaient, bébé s'engageait et la péridurale ne faisait plus effet.
L'équipe médicale se mit en place pour l'accouchement.
La descente dans le bassin fut très éprouvante, car je faisais le travail seule. Je refusai de pousser. Inconsciemment, je ne voulais pas me séparer de mon bébé, car cela matérialiserait la fin.
La séparation.

Je souffrais, je pleurais, je me sentais partir. Je me voyais mourir en couche.
Pourquoi mon âme ne retournerait-elle pas à mon Créateur maintenant comme celle de mon doux bébé ?
Qu'avais-je préparé pour mon au-delà ? Était-ce donc cela, ma vie ?
Si Allah reprenait mon âme à l'instant, serait-il satisfait d'elle ? Toutes ces questions fusèrent dans ma tête.
Je commençai à dérailler et refusai à nouveau de pousser. Implorant le pardon d'Allah, demandant pardon à mon mari. Je voulais mourir.

Il se passa alors une chose étrange, c'est comme si dans ma faiblesse, Allah avait voulu me donner une force par le biais de l'auxiliaire de puériculture Dounia.
Son visage empli de lumière, mais ferme à la fois me parlait. Je lisais dans ses yeux :
« Ma sœur, cela n'est qu'une épreuve, crois en Allah, tu vas y arriver ! ».
Reprenant petit à petit mes esprits, je me suis répété cela jusqu'à la délivrance.

La délivrance, ou l'absence de cris.
La salle était plongée dans le silence. Mon bébé ne poussera pas son premier cri. L'équipe médicale fuyait mon regard, j'ai remarqué que certaines avaient les larmes aux yeux.
Deux auxiliaires ont récupéré le bébé et m'ont expliqué qu'elles allaient le préparer, le nettoyer, l'habiller et le rendre présentable.

Pendant ce temps, la sage-femme me fit une révision utérine. Elle enfonça la totalité de son avant-bras dans mon corps pour extirper les bouts de placenta. Plus rien ne me faisait mal.
Elle pouvait faire ce qu'elle voulait, la douleur n'existait plus. Mon cœur seul saignait.

Une vingtaine de minutes plus tard, les deux auxiliaires apportèrent mon bébé Abdoullah.
Abdoullah, quelle belle signification ! Serviteur d'Allah. J'ai choisi ce prénom, car c'est l'un des noms les plus aimés d'Allah. C'était une évidence. Abdoullah n'allait pas Le servir ici-bas, mais dans l'au-delà.
Quand je l'ai vu dans ce petit berceau, mon cœur a chaviré et j'ai fondu en sanglots. Il était si beau. Vêtu d'un petit pyjama à rayures et d'un bonnet beige.
Ses lèvres rosées, son petit nez, ses yeux fermés. Des yeux qui ne me verraient pas. Il était la photocopie de son frère Ali.
Je l'ai porté, serré près de mon cœur et de ma poitrine. Quelle douleur de l'imaginer prendre la tétée d'accueil ! Quelle douleur de nous imaginer en peau a peau afin de tisser nos premiers liens !

J'ai essayé de capturer son visage dans ma mémoire pour qu'il y reste gravé à jamais. Je me disais intérieurement : « Allah aime cet enfant plus que toi, Maimouna. Il y a une sagesse derrière toute chose. Al hamdoulilah. Qui d'autre peut s'occuper mieux de ton fils que le prophète Ibrahim aleyhi salam ? »

Après avoir pris le temps qu'il fallait avec notre fils, l'auxiliaire de puériculture Dounia m'a amené une boîte qui contenait un fascicule sur le deuil périnatal, les empreintes d'Abdoullah, un bracelet de naissance qui m'a fait sourire, car Abdoullah mesurait 54 cm comme l'avait estimé la sage-femme échographiste, une couverture dans laquelle il avait été enveloppé et deux photos de lui prises par l'équipe soignante.

Cette boîte contient tous les souvenirs matériels de mon fils. Je la chéris tant.

L'équipe médicale m'a prévenue qu'Abdoullah serait placé en chambre froide bébé située au niveau des salles de naissance et que je pouvais venir le voir autant de fois que je voulais durant mon hospitalisation.

La chef de service m'a proposé de faire une autopsie, ce que nous avons décliné. La raison de sa mort resta inconnue malgré les examens du placenta. Aucune cause n'a été trouvée.

Cela ne m'a pas perturbée, car je savais que c'était mon épreuve et la volonté d'Allah. Et s'ils avaient trouvé une cause, qu'aurais-je fait ? Rien.

Mon fils serait-il revenu à la vie ? Non.

Suite à cela, j'ai été hospitalisée en service de gynécologie. Al hamdoulilah, l'équipe a été très lucide et a décidé de ne pas me mettre en maternité pour éviter que j'entende les bébés.

On ne mélange pas les femmes heureuses et celles en pleurs.

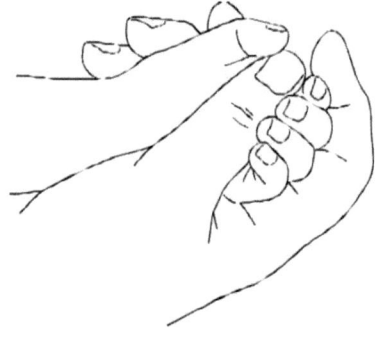

CHAPITRE V
L'HOSPITALISATION ET LES DOUTES

Une fois installée dans ma chambre, je me suis reposée.
Mon mari avait déjà prévenu nos parents. Je pris mon téléphone et rédigeai un message commun pour annoncer la tragique nouvelle de la naissance de notre enfant mort-né.
S'en est suivi un ballet d'appels et de messages. Nos proches nous rendirent visite. La chambre ne désemplissait pas, et je ne me reposais pas.
Pendant les visites, je discutais avec les gens comme si de rien n'était.

Les visites, le regard des gens, des soignants m'ont fait comprendre que je ne réagissais pas normalement.
À l'endroit où tous s'attendaient à me voir en pleurs, pleine de détresse et d'apitoiement, Allah m'a donné une force supplémentaire.
Je n'ai pleuré devant personne.
Ce manque d'émotion faisait jaillir du jugement ou une peur me concernant. La peur d'un contrecoup, d'une dépression à venir.

L'infirmière extrêmement bienveillante vint me voir un soir. Elle me donna un comprimé pour bloquer la montée de lait. Malgré la perte de mon bébé, mon corps allait entamer le processus de lactation. Mes seins allaient être douloureux et engorgés alors que personne ne boirait de sa boisson. Ce lait que mon fils ne goûtera pas. Il n'y aura pas d'allaitement et j'allais vivre un post partum sans bébé. J'avalai donc le comprimé.
En quittant ma chambre, elle me dit :

— Tu sais, Maimouna, je te vois et j'analyse comment tu réagis depuis que tu es dans ce service. J'en ai vu, des femmes hospitalisées perdre des bébés, mais je n'ai jamais vu un comportement comme le tien. Tu sais que tu as le droit de pleurer et d'être triste. Ce n'est pas parce que l'on te croit forte que tu dois l'être. Prends ton temps, tu as vécu quelque chose de grave. Al hamdoulilah, tu as l'essentiel : la foi, une famille, des enfants, un mari. Tout cela n'est rien, ça va aller, ma puce.

Son discours et son intérêt pour ma personne m'ont émue. Cette infirmière avait cerné une part de moi. Durant toute l'hospitalisation, elle a veillé sur mon état physique et psychique. Elle m'a considérée comme une petite sœur, et non comme une patiente.

Suite à cela, j'ai reçu énormément de remarques allant dans ce sens. Je suis très pudique, la douleur de la perte est présente, mais elle ne se montre pas en public.

Dans le service, une psychologue est passée me voir pour discuter. Je n'en ressentais pas forcément le besoin, mais j'ai accepté de dialoguer avec elle. Quelque chose m'angoissait tout de même.
J'avais peur d'annoncer le décès d'Abdoullah à mes enfants. Ils ont tant attendu ce bébé. Ils se voyaient déjà jouer avec lui et en prendre soin.
Comment allais-je leur annoncer qu'il n'était plus ?
J'appréhendais leur réaction.

J'accueillais tous les jours les émotions des enfants avec qui je travaillais, mais comment allais-je faire pour accueillir celles de mes enfants ? Je m'en sentais incapable.
Comment accompagner des enfants dans le deuil, lorsque tu dois aussi faire le tien ? Malheureusement, la psychologue ne m'a pas fourni d'éléments de réponse. Elle me programma tout de même un rendez-vous pour les mois à venir. Mes questions restèrent sans réponse.

Le séjour à l'hôpital dura 4 jours. Mon époux se chargea de toute la partie administrative, des obsèques à venir, de la reconnaissance de notre enfant... Tout cela était au-dessus de mes forces. J'admirais le courage qu'il avait.
Il s'est montré très soutenant et a pris soin de moi alors qu'il vivait aussi un deuil. Mon époux faisait attention à mon état émotionnel, il essayait de me soulager de ma tristesse et surtout accueillait mes états d'âme.

Le dernier jour de mon hospitalisation, je ressentis le besoin de parler seule à seule avec mon fils.
Il fallait que je lui fasse mes adieux. Je descendis en salle de naissance et m'annonçai à l'équipe médicale.
L'auxiliaire présente alla préparer mon bébé. Quand elle eut fini, j'entrai dans « la chambre froide bébés » appelé aussi Moonlight.
C'était une toute petite pièce, où se trouvaient deux chaises, un plan de travail et un réfrigérateur. Réfrigérateur où reposait le fruit de mes entrailles, Soubhanallah.
Abdoullah était à nouveau dans le petit berceau.

Je m'assis, approchai le berceau contre moi et le pris dans mes bras. Il était tout froid. Son visage n'avait pas changé. Seule sa couleur de peau virait désormais à l'écarlate, sûrement l'effet du givre.

Je passai un long moment à le regarder, à scanner tous les détails de son visage, à m'imprégner de son odeur, à contempler ses traits fins. J'allais quitter l'hôpital le lendemain, il allait rester seul jusqu'à l'enterrement. Les larmes me montèrent aux yeux.

Je savais que c'était les derniers moments en intimité que j'allais avoir avec lui.
Je me mis donc à lui parler.
— Oh, mon bébé, Al hamdoulilah Allah a repris ton âme. Il est le Sage, Il sait et je ne sais pas. Derrière cela, il y a une sagesse, j'en suis convaincue. Abdoullah, je te demande pardon. Je te demande pardon pour tout. Pardonne-moi d'avoir été trop occupée durant ta grossesse. Pardonne-moi d'avoir été fatiguée. Pardonne-moi de t'avoir négligé. Je sais que même dans le ventre, un enfant ressent toutes les émotions de sa mère. Tu as dû endurer tous mes états d'âme. Durant ta grossesse, je n'ai cessé de me plaindre. Je m'en veux tellement. Pardonne-moi, mon fils.
Puisses-tu être heureux au paradis auprès du prophète Ibrahim aleyhi salam. Puisses-tu intercéder en notre faveur le jour du jugement. Qu'Allah me facilite ton absence, Amin. Je t'aime.

Après avoir fini ma tirade, je me sentais d'une légèreté soudaine.

Le fait d'avoir ce moment intime avec mon fils, de me confier à lui et de lui demander pardon m'enleva un poids énorme de mes épaules. Je fis mon deuil à ce moment-là.

Je le regardai une dernière fois, lui fis un bisou et le reposai dans son berceau.

Je quittai la salle et informai l'auxiliaire que j'avais fini. En traversant le couloir de la salle d'attente pour monter dans ma chambre, je croisai plusieurs femmes enceintes et d'autres venant d'accoucher. Rencontrer ces femmes heureuses, dans l'attente de leur bébé, à ce moment-là me fit extrêmement mal.

Je pleurai à chaudes larmes, ma tête tournait, mon cœur saignait. Le sol se déroba sous mes pieds et je faillis tomber dans les pommes. Je m'agrippai à une rambarde et repris mon souffle. Je ne voulais pas de mal à ces femmes, je m'efforçais de dire « Allahouma barik » en mon for intérieur. Je ne souhaitais pas leur porter le mauvais œil.

Mon cerveau fusait dans tous les sens, mes larmes coulaient. Je pensais à ma perte, je me sentais vide et mon cœur était meurtri. Mon fils était mort.

Jamais je n'avais pensé à une telle issue. Quelle épreuve ! Je m'essuyai le visage, pris un bol d'air et remontai dans ma chambre comme si de rien n'était.

Le jour de ma sortie de l'hôpital, je remerciai l'équipe soignante qui s'est montrée d'une bienveillance hors pair. Je tins à partager ma gratitude à l'auxiliaire Dounia. Allah l'a dotée d'une lumière qui m'a éclairée lors de mon accouchement. J'invoquai pour elle.

Je quittai l'hôpital les mains vides, sans cosy, débutant mon post-partum. Ce post-partum ou j'allais ressentir la douleur des tranchées, les nombreux désagréments du transit, la chute d'hormones et ses aléas, la perte des cheveux… Tout cela mais sans bébé.
Je n'aurais pas d'enfant à regarder qui me ferait oublier toute la souffrance par laquelle les femmes passent une fois avoir donné la vie.

CHAPITRE VI

« Ô, ALLAH, IL N'Y A DE CHOSE FACILE QUE CE QUE TU RENDS FACILE ET SI TU LE VEUX, TU PEUX RENDRE LA CHOSE DIFFICILE FACILE.

Dans mes coutumes, il est recommandé pour une femme venant d'accoucher de passer quelques jours chez sa mère pour se reposer. Celle-ci prendra soin d'elle, lui concoctera des mets et soupes facilitant sa remise sur pied. Sa mère lui donnera des conseils sur son rôle de jeune mère, prendra soin du bébé en lui prodiguant des massages. Elle veillera au lien mère-enfant.

Pour mes deux aînés, j'étais allée en stage chez ma mère, mais cette fois-ci je n'en ressentais pas le besoin.
Je me portais plutôt bien et puis je n'avais pas de nourrisson, elle n'allait pas pouvoir masser mon bébé. Ma mère insista néanmoins pour que je vienne. Elle craignait que je me retrouve seule à ruminer.

À la sortie de l'hôpital, j'allai préparer quelques affaires pour les emmener chez ma mère. Je pris les montres digitales que je devais offrir à Ali et Assa lors de la naissance de leur petit frère.
Leur objectif serait tout autre dorénavant.
Une fois chez ma mère, les retrouvailles avec mes enfants furent pleines d'amour et de douceur.
Je redoutais le moment où j'allais devoir leur annoncer la triste nouvelle. Effectivement, ils n'étaient pas au courant de ce qui s'était passé. Je souhaitais le leur annoncer de vive voix. Je pris mon courage à deux mains et les appelai dans la chambre. Nous nous assîmes sur le lit.

— Alors, les enfants, qu'est-ce qu'il s'est passé le jour du pique-nique ?

Je voulais savoir comment ils avaient vécu cette journée, ce qu'ils avaient vu, compris ou non.

— Assa : Le jour du pique-nique, il y a quelqu'un qui t'a écrasé le pied dans le bus. Tu t'es fait très mal, il y avait beaucoup de sang sur ton pied, donc on est allés à l'hôpital. Voilà.
C'était l'histoire qu'ils s'étaient fabriqués.
La vue de mes chaussettes devenues rouge sang, la flaque de sang par terre. Mes enfants pensaient que je m'étais blessé le pied. Leur innocence m'émut et les larmes me montèrent aux yeux.
Je ne désirais pas détruire ce qu'ils s'étaient construit ce jour-là. J'acquiesçai donc.
— C'est vrai, mais pas seulement… Vous ne remarquez pas quelque chose ?
— Eux : … Non.
Je posai ma main sur mon ventre vide et flasque. Ali et Assa posèrent les yeux dessus.
— Mon ventre… Il n'y a plus de bébé dedans.

À ce moment-là, je cherchais avec difficultés les prochains mots qui allaient sortir de ma bouche.
Je ne souhaitais pas leur mentir, il fallait qu'ils soient confrontés à la vérité malgré leur jeune âge.
Qu'ils sachent que leur frère était mort, qu'il ne reviendrait pas. Expliquer le deuil à un enfant n'est pas chose aisée. J'ouvris la bouche quand Ali prit la parole.

— Ali : Il est mort, c'est ça ?

— Moi : … Oui.

Les mots me manquaient. Je ne m'attendais pas à une réaction aussi directe de sa part. Je m'efforçai de rester digne, me contenant devant mes enfants pour ne pas m'effondrer.

— Ali : Bah, ce n'est pas grave, on va sali[1] et en demander un autre à Allah. Pas vrai, Assa ?
— Assa : Ouiiiiiiii !

Ces quelques mots prononcés par un enfant de six ans me firent fondre en larmes.
Une vague d'émotions me submergea. Mes lèvres tremblaient, mon nez coulait, j'étais dévastée.
J'appréhendais tellement de leur annoncer la nouvelle et encore une fois Allah me facilitait la chose.
Les mots de mon fils me touchèrent le cœur. Je me sentais ridicule à pleurer. Ali venait de me faire le plus beau des rappels. De par son discours empreint de sagesse, il me rappelait qu'Allah était Al Wahhab le Grand donateur, Celui qui donne généreusement à ses créatures. Il m'avait donné tout ce que je possédais, et bien plus.

Qu'Il était Al Mujib Celui qui exauce, Celui qui répond à ceux qui Le prient. Il nous fallait multiplier les prières et invocations pour avancer.

---

[1] Prier

Mon cœur se serra, je fus pleine de gratitude envers Allah de m'avoir confié ces trésors, ces dépôts. Je séchai tant bien que mal mes larmes et fis un gros câlin à mes enfants. Je sortis les deux coffrets contenant les montres et offris à chacun ce petit présent.

Ce cadeau qui devait signifier la bienvenue à leur frère devenait tel un pansement sur une blessure. Les enfants furent si heureux et s'empressèrent d'essayer leurs montres.

Notre discussion concernant le décès d'Abdoullah fut ainsi close.

Les jours s'écoulèrent chez ma mère et je pus me remettre de l'accouchement.

Je n'avais qu'une hâte : qu'ait lieu l'enterrement d'Abdoullah. Le savoir à l'hôpital, loin de moi, dans cette chambre froide sans chaleur me tourmentait. Je ne pouvais me sentir apaisée que lorsqu'il serait retourné à la Terre.

> « **C'est d'elle que Nous vous avons créés, et en elle nous vous retournerons, et d'elle, nous vous ferons sortir une fois encore.** »
> **S20.V55**

Je comptais les jours qui me séparaient de cet ultime adieu.

CHAPITRE VII
A JAMAIS ET POUR TOUJOURS

L'enterrement de mon fils eut lieu le 5 août 2022.
Chaque année, tout représentant de famille doit cotiser en cas de décès advenu selon nos coutumes. C'est un système qui permet de prendre en charge les obsèques. Cela a facilité à mon époux le choix des pompes funèbres et du cimetière.

C'était un jour ensoleillé. Je me vêtis d'une abaya noire et pris le soin de mettre des lunettes de soleil et un masque. Étant de nature très sensible, je ne voulais pas m'effondrer lors de l'enterrement.
Faire preuve de vulnérabilité en public était quelque chose que je ne supporterais pas. La pudeur pris le pas sur les émotions.
Le rendez-vous était donné à l'hôpital pour la mise en bière et le recueillement. J'arrivai en compagnie de ma sœur et de mon frère, ainsi que de mon époux.
Il y avait deux femmes, les laveuses mortuaires qui prirent le soin de préparer Abdoullah.
Néanmoins, pour une raison indépendante de ma volonté, je ne pus le voir qu'à la dernière étape du lavage. Elles l'avaient nettoyé, parfumé avec du musc avant de nous le présenter.
C'est alors que j'ai vu mon doux bébé dans ce petit cercueil blanc. Paré de cet ultime vêtement que nous porterons tous un jour, un linceul d'une blancheur éclatante.
Abdoullah avait une lumière sur le visage, une aura magnifique du paradis.
Il n'avait pas changé. J'étais subjuguée par sa beauté, je le trouvais sublime.

Les laveuses nous laissèrent le temps de nous recueillir. J'approchai le cercueil et le contemplai, essayant de graver cette image dans mon esprit.
Je dis à ma sœur :
— Regarde comme il est beau !

Je vis sur son visage la surprise. Elle qui me connaissait si bien, elle s'attendait à ce que je m'écroule.
Plus tard, elle me confiera que ma réaction à ce moment-ci l'a décontenancée. Elle me prit pour une folle. Malgré les circonstances, je parlais de sa beauté. Se demandant même si je n'étais pas dans un déni, elle me confia qu'effectivement mon fils était beau et apaisé. Que par ailleurs, la force que j'eus durant ce moment la toucha et elle se retira pour pleurer.

Je profitai de quelques instants pour contempler Abdoullah, puis arriva le moment de sceller le cercueil.
Mon dernier regard envers mon fils fut empreint d'amour et d'apaisement. Je me sentais légère, dénuée de toute tristesse ou affliction.
Allah m'avait encore une fois facilité ce moment que je craignais tant. Al hamdoulilah.

« À côté de la difficulté est, certes, la facilité. »
S94V5

Je remerciais en mon for intérieur Le Seigneur des mondes. C'était une certitude, Allah ne m'abandonnerait pas.

Une des laveuses mortuaires vint me présenter ses condoléances et m'apporta un sac plastique. Il renfermait les vêtements portés par Abdoullah. Le fait de voir ce petit bonnet et ce pyjama rayé de l'hôpital m'a énormément bouleversé. Aucun de ces habits n'appartenait à Abdoullah, tandis qu'il avait une commode remplie de vêtements à la maison. Des vêtements qu'il ne portera jamais.

J'ai saisi le sac et je l'ai remis à mon époux pour qu'il puisse s'en débarrasser. Je ne saurais l'expliquer, mais ce sac et ce qu'il contenait m'a vraiment affectée.

La salat janaza et l'enterrement se poursuivirent intimement du côté des hommes.

J'ai attendu qu'ils finissent d'enterrer mon bébé puis on m'a proposé d'aller voir où repose son corps.

CHAPITRE VIII
LE POIDS DU REGARD

Les semaines s'écoulèrent, et la vie reprit son cours.
La rentrée des classes de mes enfants arriva et elle fut difficile. Les professionnelles de l'école qui m'avaient toutes vue enceinte venaient me féliciter tour à tour. Certaines me demandaient si c'était une fille ou un garçon et félicitèrent ma fille Assa d'être devenue grande sœur.
Quelle claque quand je leur annonçais que malheureusement il n'y avait plus de bébé ! Elles étaient gênées et s'excusaient.
Suite à cela, chaque regard que je sentais dans mon dos était empreint de pitié et de compassion. Certaines personnes qui n'étaient pas au courant de la nouvelle me regardaient, l'air de dire : « Où est son bébé ? » et celles au courant me regardaient avec un air disant : « La pauvre… »
J'avais beaucoup de mal avec cela.
Être une personne qui suscite la pitié m'oppressait. Les sourires que je simulais en croisant les membres de ma famille m'épuisaient. J'avais besoin de changement, de partir ailleurs, de m'éloigner pour fuir le regard des autres.
Je me trouvais dans une situation pesante, lourde.

À tout cela s'ajoutaient les questions et remarques extérieures. Que répondre lorsque l'on me posait la fameuse question « Combien d'enfant avez-vous ? ».
Devais-je inclure Abdoullah ? Et si je ne souhaitais pas en parler ? L'omettre était-il un abandon de ma part ? Les remords m'envahissaient les fois où je répondais « Deux enfants ».

D'autre part, certaines personnes tentaient de minimiser ma souffrance en me disant :
- Ce n'est rien, tu es jeune, fais immédiatement un autre bébé…
- Tu as déjà deux enfants, ce n'est pas grave…
- Moi aussi j'ai déjà fait une fausse couche…
- Heureusement qu'il est décédé à la naissance et non pas durant l'enfance…

Toutes ces remarques m'ébranlaient. Je remarquais qu'il y avait un réel manque d'empathie et de connaissance autour du deuil périnatal et je devais y faire face.

Cette situation engendra une difficulté pour moi de rester un long moment en compagnie des gens. J'avais besoin d'une rupture pour me ressourcer et penser à Allah. Ces moments d'introspection et de recueillement me procuraient la tranquillité d'âme et d'esprit.
Deux hadiths du prophète m'apaisaient et me faisaient tenir lorsque j'étais contrariée.

« **Merveilleux est le cas du croyant ! Tout pour lui est un bien ; si un bien l'atteint, il est reconnaissant, et c'est un bien pour lui. Si un mal l'atteint, il patiente, et c'est aussi un bien pour lui. Et ceci n'est réservé qu'au croyant.** »
Rapporté par Mouslim

« **Je jure par celui qui tient mon âme dans sa Main ! Il ne fait aucun doute que le fœtus mort-né fera entrer sa mère**

au Paradis par le cordon ombilical si elle l'accepte (c'est-à-dire si elle patiente dans cette épreuve en espérant la récompense divine). »
Authentifié par Al Albany

Ces deux hadiths traitaient de la patience lors de l'épreuve. Ils agissaient pour moi comme un véritable leitmotiv. Ils me permettaient d'apaiser mon cœur et de faire preuve de douceur malgré la maladresse que j'endurais.

Un jour en fouillant dans mes notes, je me souvins alors de celle que j'avais écrite lorsque j'ai appris la grossesse d'Abdoullah.

« J'ai peur qu'Allah m'accorde toutes ces largesses, mais qu'en fait ce soit une épreuve et que je ne sois pas aimée de Lui. »
Cette phrase m'était revenue comme un boomerang et me glaça le sang. Comme une prémonition, je me posais auparavant déjà des questions. Sauf que j'avais tort.
Allah m'avait accordé toutes ces largesses, cette grande épreuve, CAR Il m'aimait ! Allah a repris l'âme d'Abdoullah, Il l'a éloignée de moi pour que je me rapproche de Lui.
Mon Seigneur voulait que la perte de mon enfant m'oriente vers Lui. Il me testait et je devais faire mes preuves.
Cette épreuve était une bénédiction pour moi, un bienfait.
J'avais appris qu'il existait trois réponses face aux épreuves. En réalité, l'épreuve est une indication pour

savoir si ce que je traverse est un test, une purification pour moi et donc un bienfait, ou s'il s'agit d'un châtiment et donc d'un méfait.

La première réponse face à l'épreuve est une réponse inappropriée pour un croyant consistant à faire preuve de colère à l'égard d'Allah. Qu'Allah nous en préserve. Amin. La personne se lamente avec des phrases du type : « Pourquoi moi ? Pourquoi tu m'as fait cela, Allah ? Ce n'est pas juste… »

La seconde réponse face à l'épreuve est la patience, as sabr qui est la réponse des croyants a minima. Et la patience face aux épreuves est d'accepter sans manifester d'ingratitude et d'impatience à l'égard d'Allah. La tristesse et l'affliction sont compatibles avec cet état. On peut se plaindre auprès d'Allah et en réalité il n'y a qu'auprès de Lui que nous devons nous plaindre, car Il est le seul à résoudre nos soucis. Tel que le prophète Mouhamad sallallahu 'alayhi wa sallam l'a fait lors de plusieurs évènements.

La troisième réponse face aux épreuves est la satisfaction, Ar rida. Différente de la patience, il s'agit d'être satisfait de tout ce qu'il advient, car nous sommes persuadés que tout ce qui vient d'Allah est bon pour nous.

J'étais satisfaite, car cette épreuve m'a fait revivre à travers la foi, à travers la louange à Allah, la patience, l'endurance et l'acceptation. En me rapprochant de mon Seigneur, je revivais.

J'eus une envie de devenir une personne meilleure, d'être une lumière, de recevoir et de partager un visage lumineux autour de moi. De devenir utile aux gens et d'être quelqu'un sur qui l'on peut compter.

J'étais avide d'approfondir ma connaissance de la religion par la reprise de l'apprentissage et d'avancer dans la satisfaction d'Allah.

Le décès d'Abdoullah m'a fait comprendre la lâcheté, le faux de ce monde.

« La course aux richesses vous distrait, jusqu'à ce que vous visitiez les tombes. »
S102V1 /2

Visiter la tombe de mon enfant parmi celles d'autres défunts de tout âge m'a ouvert les yeux sur ce monde et son éphémérité. Cela m'a écœurée de tout ce que je possède, de mon état, de toutes mes préoccupations futiles. La tombe sera notre future demeure où nous n'emporterons rien si ce n'est nos actions.

CHAPITRE IX
PARTIR

Toutes les fois où j'entrais dans la chambre de mon fils, je tombais nez à nez avec le carton contenant sa poussette. Cette poussette que j'ai mis tant de cœur à choisir n'allait pas pousser Abdoullah. Dans les tiroirs de la commode se trouvaient les vêtements unisexes. Ceux-ci n'allaient pas vêtir Abdoullah.

J'aimais ouvrir ces tiroirs où se trouvaient le nécessaire de toilette, les vêtements, biberons et autres articles, afin de contempler toutes ces choses qui lui étaient destinées, mais qu'il n'avait pas eu le temps d'utiliser.

Ces affaires, bien qu'il ne les ait pas investies, me tenaient à cœur, car je les avais choisies pour lui.

Chaque matin, lorsque je réveillais mon fils Ali pour l'école, un flash-back d'Abdoullah me revenait. Ces petits yeux fermés, ce petit nez, ces lèvres ourlées. Ils se ressemblaient tant. Cela me déconcenançait, mais je savourais ces réveils. J'avais l'impression de revoir mon doux bébé.

Les jours passaient et le quotidien m'étouffait. Mon entourage proche ne savait pas comment me parler, m'approcher. Ils essayaient de bien faire comme ils pouvaient, car ce n'était pas simple pour eux de trouver les bons mots.

Mon entourage faisait preuve de beaucoup de bienveillance maladroite. Personne ne me demandait comment j'allais vraiment.

Il fallait se rendre à l'évidence, certaines personnes n'osaient plus poser cette question ni prendre de mes nouvelles. Ne plus poser cette question, c'était comme verrouiller la discussion, éviter de tendre une perche, se prémunir d'une réponse à laquelle on n'a pas envie d'être confrontée.

Personne ne me parlait du décès d'Abdoullah par peur d'apercevoir de la douleur et de me voir souffrir. Mais c'est ce silence assourdissant, cette absence de parole, qui me désolait.
Il y avait une omerta autour de la perte de mon fils, sans doute pour me préserver et ne pas me rendre triste. Peut-être qu'en parlant avec eux j'allais sûrement pleurer, m'effondrer... Mais ne pas en parler me détruisait de l'intérieur.

Je ressentais la sensation d'être entourée, mais d'être si seule. Comme si ce que j'avais vécu n'avait pas existé, qu'on nous avait oubliés.
J'avais besoin d'une parole libératrice, d'un espace où je pourrais poser des mots et me réapproprier mon vécu. J'avais besoin de maintenir un lien avec les autres même en parlant de la mort et sans tabou, mais je ne trouvais pas d'oreille attentive. Seul Allah était mon confident, et quel meilleur confident !

L'écriture aussi m'a beaucoup aidée. Elle fut pour moi cet espace où je pus poser des mots sur mes maux. Cela me permettait de mettre une distance avec mes émotions lorsque celles-ci m'assaillaient. En écrivant, et en me livrant, j'étais loin de tout jugement, de toute pitié et compassion.

Prendre mon stylo et écrire quelques lignes libérait mes pensées. Mon journal de bord fut mon meilleur compagnon, il prit une place importante dans ma vie et composait avec mes états d'âme.

J'aurais aimé que mes proches prononcent le nom de mon enfant, qu'ils me posent des questions, qu'ils parlent ouvertement de ce que j'ai vécu, car tout cela a existé…

J'avais tellement de choses à dire, mais malheureusement la mort faisait peur. Le destructeur des plaisirs, ce passage obligatoire restait un sujet tabou dont peu de gens se sentaient à l'aise d'aborder ouvertement. Cela par crainte de maladresse ou d'une grande sensibilité, nous laissons de côté ce pan de notre vie. Cette certitude qui se manifestera à chacun.

Le messager d'Allah a conseillé à sa communauté de se souvenir fréquemment de la mort, et ce, dans son hadith :

« Rappelez-vous constamment le destructeur des plaisirs. »
Rapporté par Tirmidhi

Le fait de se rappeler la mort va adoucir le cœur et pousser la personne à n'accorder que peu d'importance à cette vie d'ici-bas. De plus, elle pousse à l'accomplissement de bonnes œuvres.

J'avais un besoin ardent de voyager et de m'éloigner de tout ce qui m'entourait, de me reposer.

Ce voyage a été l'occasion de me ressourcer, de me retrouver. J'ai exploré de nouveaux horizons, contemplé la merveille de la création d'Allah et énormément médité. Voyager dissipe les soucis, dit-on. Découvrir de nouveaux endroits, de nouvelles coutumes est enrichissant pour l'âme. Ces quelques jours loin de ma vie de citadine m'ont permis de me reconnecter à moi-même.

CHAPITRE X
LA GROSSESSE D'APRES

Deux mois après la perte d'Abdoullah, comme la précédente grossesse, je me savais portant la vie.
Ce sentiment inexplicable me revenait.
J'ai effectué un test de grossesse, et quelle surprise quand je compris que j'étais de nouveau enceinte ! Allah m'a fait don d'une grâce immense.
Allah est le plus grand.

Ce qui m'arrivait était incroyable. J'étais si heureuse, si reconnaissante de pouvoir à nouveau porter la vie. Cette nouvelle grossesse était une nouvelle aventure que je ne prendrais pas en prolongement de la précédente.
Ce bébé, ce fœtus est un autre enfant qui ne sera jamais Abdoullah.
Je devais refouler mes peurs, mes craintes, mon appréhension et tout placer dans les mains d'Allah. Il est l'Unique, le Fort, Capable de toute chose. Il n'y a de force ni de puissance qu'en Allah.
Je remerciai Allah pour ce nouveau cadeau qu'il m'offrait.

« Qu'Allah nous préserve de tout mal, qu'Il me facilite cette grossesse, qu'Il m'accorde un enfant en bonne santé, vivant qui ravira mon cœur ! Qu'Allah m'accorde une descendance pieuse qui portera fièrement l'étendard de l'Islam ! Qu'Allah fasse que la perte de mon fils soit une cause de notre entrée fi Al Jannah firdaws. Qu'Allah lui donne une place auprès du prophète Ibrahim Aleyhi salam et qu'il puisse intercéder en notre faveur le jour du jugement dernier. Qu'Allah me protège de tout mal, djinns ou hommes, du mauvais

œil et de la jalousie ! Qu'Allah fasse que cette grossesse et cette grâce me maintiennent sur sa voie ! AMIN AMIN AMIN. »

« Ô, mon Seigneur, Tu es le digne de Louanges, Tu es capable de toutes choses, sans ta permission nous ne sommes rien. Ô, mon Seigneur, facilite-moi cette grossesse et l'accouchement. Donne-moi un enfant en bonne santé vivant et pieux, permets-moi de te glorifier encore et encore avec ce nouveau bienfait ; et si ta volonté est autre, accorde-moi la patience, une belle patience comme celle que tu as donnée à tes prophètes lors de leurs épreuves. Amin. »

Cette nouvelle grossesse avait un goût de Sakina, de sérénité. J'ai goûté au Tawakul. La confiance en Allah. Cette confiance qui te remet à ta place de simple serviteur. Celle qui te permet de savoir que les causes t'appartiennent, mais que le résultat est à Allah. Peu importe l'issue de cette grossesse, j'étais satisfaite de son décret. Cette satisfaction apportait à mon cœur le calme, la tranquillité et la paix intérieure.
Cependant, l'insouciance liée à la grossesse m'avait quittée. Je savais désormais qu'être enceinte ne garantissait pas d'avoir un bébé à la fin. J'étais consciente que tout pouvait arriver et à tout moment.

Les mois s'écoulèrent et comme pour m'éprouver, à chaque rendez-vous chez la sage-femme, mon bébé me faisait des frayeurs.

Lors de la première échographie, la sage-femme n'a pas pu mesurer la clarté nucale qui permet de dépister certaines anomalies congénitales, en particulier la trisomie 21.

À la seconde échographie, bébé ne se laisse pas voir, il est impossible pour la sage-femme échographiste de contrôler les quatre cavités cardiaques et la ligne médiane du cerveau. Sans ces informations, il est envisageable de conclure à une malformation.

Lors d'un autre rendez-vous à l'hôpital, une interne me fait un doppler. Elle passe la sonde sur mon ventre et me dit :

— Désolée, on n'entend rien. Je pense que la machine est obsolète...

Ces mots furent d'une violence ! Cette femme avait mon dossier, mes antécédents, mais elle n'avait pas pris le temps de le lire.

Ces mots me faisaient le même écho que lorsque la chef de service m'annonça l'arrêt du cœur d'Abdoullah.

Je quittai ce rendez-vous en colère contre l'interne, mais renforcée.

Un verset du Coran me venait sans cesse en tête :

**« Il dit : ne craignez rien. Je suis avec vous :
j'entends et je vois. »
S20V46**

J'étais renforcée dans mon tawakul. J'avais conscience que même si j'entendais le cœur de mon bébé à cet instant-là, cela n'engagerait à rien. La seconde d'après, il pourrait s'arrêter. Le fait de ne pas entendre son cœur n'engageait à rien non plus. C'est en Le Tout Puissant que je dois placer ma confiance. Il est la clé.

Je ne suis qu'une créature faible, je ne peux rien pour moi. Quand bien même je chercherais la délivrance auprès d'un million de personnes, ils ne pourront rien pour moi. Je sais que tout est l'œuvre d'Allah.
Aucun examen, aucun être humain ne pouvait me rassurer sur ce que je ressentais.
Seul Allah pouvait panser mes plaies. Il est le Seul à qui je confie mes doutes, mes peurs et mes questionnements.

« Et si Allah fait qu'un malheur te touche, nul autre que Lui ne peut l'enlever. Et s'il fait qu'un bonheur te touche... c'est qu'il est omnipotent. »
S6V17

Une grossesse est dure, mais une grossesse après avoir donné vie à la mort l'est encore plus.
C'est oublier toute l'insouciance passée, vivre au jour le jour. Retenir son souffle à chaque examen. Paniquer lorsque l'on sent beaucoup bébé bouger, et angoisser quand on le sent moins.

Une grossesse d'après, c'est être seule face à ses émotions même si l'on est entourée. C'est entendre les médecins vous dire : « Ne vous inquiétez pas, ça va bien se passer cette fois. » Alors que la fois précédente tout allait bien aussi.

Une grossesse d'après, c'est avoir peur de ne pas être aussi forte cette fois si ça se passait mal.
Avoir peur de chuter et ne plus se relever si ça arrivait à nouveau. C'est se demander : « Est-ce que mon enfant va penser plus tard qu'il est un enfant de remplacement et comment y répondre ? »

Une grossesse d'après, c'est s'attacher à ce fœtus qu'on porte, puis s'en vouloir et s'en défaire pour ne pas se bercer d'illusions.

Une grossesse d'après, c'est aller dans les magasins et ne pas pouvoir acheter ne serait-ce qu'un article pour bébé, de peur qu'il ne serve pas encore une fois.
Une grossesse d'après, c'est aussi vouloir se préserver. J'ai décidé de vivre cette grossesse cachée, loin du monde. Je ne souhaitais pas être jugée, comparée, ni félicitée.

La grossesse d'après, c'est aussi être dans l'ambivalence permanente entre faire le deuil de son enfant et être dans la joie d'accueillir à nouveau la vie.

Une grossesse d'après, c'est craindre d'oublier son enfant décédé, de voir s'effacer son si joli visage de notre mémoire.

La grossesse se déroulait normalement et mon ventre pouvait se camoufler sans souci. Je choisis cette fois-ci de découvrir le sexe lors de la seconde échographie. J'attendais une petite fille.

Cette nouvelle me rendait heureuse, car je savais que je ne ferais pas de projection ou de calquage entre elle et son frère Abdoullah. Comme pour éviter les mêmes erreurs que j'avais faites lors de la grossesse précédente, cette fois-ci je tissais une relation particulière avec ce fœtus, en pratiquant l'haptonomie, ou le toucher affectif. C'est une méthode qui permet d'entrer en communication avec son bébé in utero.
J'ai pu établir un véritable lien avec ma fille avant sa naissance. J'échangeais avec elle par les mots, les caresses et les massages sur mon ventre et elle me répondait par des coups. Soubhanallah, cela créa un lien indescriptible avec ce petit être.

Au huitième mois de grossesse, j'ai décidé de l'annoncer à mes enfants. C'était le jour de l'aïd et je voulais leur faire part de cette bonne nouvelle. J'étais assise dans la cuisine quand Assa est venue me rejoindre. Elle avait alors six ans.
— Assa, j'ai une nouvelle à t'annoncer. Mais c'est un secret, il ne faut le dire à personne, d'accord ? lui dis-je.
— Oui, je te promets que je ne le dirai à personne, me répondit-elle.
— J'ai un bébé dans le ventre.
Assa se trouva bouche bée. Elle se mit à sautiller et leva les mains au ciel.
Elle s'écria :
— Allah, je te remercie. Il a exaucé les invocations de mes prières. Al hamdoulilah.

Je ne pus retenir mes larmes. J'étais à nouveau pleine de gratitude envers Allah de m'avoir donné des enfants qui me rappelaient l'immensité du Très-Haut. Quelle réaction elle avait eue !
La reconnaissance, As shukr-lilah, du haut de ses six ans. Mes enfants faisaient preuve d'une maturité qui me surprenait. Leur saine nature était palpable, belle à voir. Comment pourrais-je être triste alors qu'Allah m'avait facilité la vie jusque-là ? Il m'avait donné bien plus que je ne l'espérais.

Assa reprit la parole et en moins de 10 secondes, elle me posa cinq questions :
— C'est une fille ou un garçon ? Tu le sais depuis longtemps ? Il n'y a que moi qui suis au courant ? Le bébé va dormir dans ma chambre ? Ce bébé aussi va mourir ?
Je m'attendais inexorablement à cette dernière question. Je pris le temps de répondre à ses interrogations dans l'ordre.
— Alors, c'est une fille. Je le sais depuis quelques mois. Non, tu n'es pas la seule au courant, ton papa aussi le sait. Le bébé dormira dans ta chambre quand elle sera plus grande in cha Allah. Et seul Allah sait si ce bébé aussi va mourir, Il fait ce qu'Il veut ! J'espère qu'elle viendra en bonne santé et vivante, mais on va accepter ce qu'Il nous donnera. Si elle meurt, elle ira au paradis avec Abdoullah. Nous, on est sur terre, on œuvre, on fait de bonnes actions, car on veut aller au paradis. Tandis qu'Abdoullah, il a la chance de déjà y être et il nous y

attend bi idhnillah. Maintenant, c'est à nous de faire le bien pour le rejoindre. D'accord, ma belle ?

Assa acquiesça et me fit un câlin.

Ces tendres moments resteront gravés à jamais dans ma mémoire. Mes enfants étaient mon exemple. Ces petits bouts s'impliquaient dans les actes d'adoration malgré leur jeune âge.

Je découvrais qu'ils invoquaient Allah à chacune de leurs prières, lui demandant un autre bébé avec qui jouer. Ils l'avaient dit lorsqu'ils apprirent le décès d'Abdoullah et ils l'avaient fait.

Avec son frère Ali, ils n'oubliaient pas ce qu'on avait vécu. Ils aimaient leur frère Abdoullah et en parlaient ouvertement, l'intégrant à leurs dessins d'enfants, lui écrivant des poèmes, de petits mots, qui me touchaient lorsque je les trouvais.

« Abdoullah, je t'aime fort
Gese-pere que tu va bien la haut
Je pense tres fort a toi
Ca va au paradi Allah doit te garder
Je pense que ca vas bien laba
Je suis triste que tu ne soit pas vivant
Des fois je pleur parce que tu nes pas la
Je te fait un grand bisou et un cœur. »
Écrit par Ali

CHAPITRE XI
BIENVENUE MA FILLE

J'arrivai difficilement à l'anniversaire du terme d'Abdoullah, 39 SA. Mon bébé était estimé à 4 kg à la naissance. Ayant enchaîné les grossesses, cela faisait plus d'un an et demi que je me retrouvais enceinte. J'étais impatiente de retrouver mon corps, ma mobilité, et ma souplesse d'antan.
Après étude de mon dossier, l'équipe médicale a fait une proposition de déclenchement.
Ils craignaient que ce soit trop dur psychologiquement pour moi, et étant donné le poids de mon bébé, il n'y avait pas de risque de prématurité.
Ainsi, le déclenchement eut lieu le 5 juillet 2023 au matin.

J'étais accompagnée de ma petite sœur qui fut d'un soutien sans faille. Elle savait comment me dérider et me faire rire. Ce moment était si anxiogène, mais ma sœur avec sa bonne humeur y amenait de la légèreté. Elle resta avec moi plus de 12 heures d'affilée.

Le travail fut très long, les heures passaient, je me mobilisais pourtant, mais rien n'avançait. Mon col ne se dilatait pas. Quelle fatigue ! Ma petite princesse se faisait désirer.
J'avais hâte de la rencontrer et de la serrer dans mes bras. Je voulais sentir son souffle de vie, humer son parfum, la couvrir de bisous et consoler ses pleurs.
Je restais néanmoins consciente que rien n'était joué. L'insouciance m'avait quittée.

Je passai la nuit à l'hôpital. Toute la nuit, j'eus des contractions, et au petit matin la sage-femme me proposa de m'installer en salle de naissance.
Elle m'indiqua la salle de naissance numéro 7.
Cette même salle où j'avais perdu mon fils, il y avait à peine onze mois.
Mon corps était paralysé sur le seuil de la porte. Je ne pouvais pas accoucher de ma fille dans cette salle. Il y avait trop de souvenirs, trop de détails qui m'étaient familiers. Cette salle était sombre, reculée, témoin de toute ma douleur ce jour-là. La sage-femme remarqua mon air chagriné et me proposa une autre salle de naissance.

Je m'installai dans la salle. Je fus étonnée lorsque je me rendis compte que l'équipe d'auxiliaires de puériculture et d'infirmières de ce 6 juillet 2023 était la même que lors de la naissance d'Abdoullah. Soubhanallah.
La probabilité de cela était infime. Mais Allah voulait que cela se passe ainsi. Elles me reconnurent et vinrent me voir. L'une d'elles me dit :
— Je me souviens de vous, madame Nd. Vous m'avez marquée par votre force lors de votre accouchement l'année dernière. J'ai beaucoup pensé à vous. Nous allons accueillir cette petite puce ensemble et ce sera différent de l'année dernière. Je vous envoie tout mon courage.
Ces quelques mots m'ont émue. Je me savais bien entourée. Le travail se poursuivit et le moment de la délivrance arriva. Au bout de quelques poussées, ma fille sortit.

L'auxiliaire de puériculture s'empressa de la prendre. Elle la déposa sur ma poitrine afin que nous puissions faire du peau à peau.

Lorsque j'entendis ses premiers cris, l'émotion m'assaillit et je me mis à pleurer.

Cette fois-ci, des larmes de joie. Je célébrai la Louange à Allah, gloire au Seigneur des mondes pour ce cadeau.

Je n'y croyais pas. Ma fille était posée sur ma poitrine, bien vivante. Je n'avais pas encore scruté son visage que je demandai à l'infirmière si ma fille respirait. Celle-ci acquiesça, ma fille respirait la vie. J'avais besoin de l'entendre, comme pour m'assurer que ce que je vivais n'était pas un rêve.

Je pus enfin la regarder et contempler son petit visage tout rond. Je lui proposai la tétée d'accueil et profitai de ces instants magiques, hors du temps.

CHAPITRE XII
LE PLAN D'ALLAH

Ma fille grandissait, mon bébé arc-en-ciel, celle qui est venue apaiser mon cœur et me combler de bonheur.

Je réalisais que chaque instant passé avec elle était un bienfait d'Allah. Baby Kady effectua sa première omra à l'âge de six mois, Allah l'avait invitée sur sa terre sainte. J'éprouvais de la joie lorsque je la voyais dans la poussette de son frère à cet endroit.

Le Seigneur des mondes avait tout prévu.
Son plan est le meilleur. Il est le Sage, le Tout puissant.
Il fallait que je passe par cette épreuve pour m'élever spirituellement, pour m'améliorer et grandir. Cette épreuve était incroyable et elle avait un sens.
J'avais été facilité à chaque étape, soubhanAllah, Mon Seigneur ne m'a pas abandonnée. Il savait que j'avais les épaules et les ressources nécessaires pour supporter ce deuil. Allah, de par sa Sagesse, m'a montré que plus l'épreuve est dure, plus la récompense est belle.

Le prophète Mouhamad (paix et bénédictions sur lui) a dit : « La grandeur de la récompense est à la mesure de la grandeur de l'épreuve. Quand Allah aime des gens, il les éprouve. »
Rapporté par Tirmidhi

Les épreuves sont si bénéfiques. Elles nous permettent de faire le point, de remettre au centre de nos vies l'essentiel.
Grâce à elles, on se raccroche à ce qui est vraiment précieux. Il est nécessaire d'accueillir les épreuves

comme des opportunités afin de s'améliorer et de trouver la paix. Tout en ayant la certitude que tout arrive selon un projet plus grand : le plan d'Allah.

L'épreuve permet de faire le tri autour de nous, de garder uniquement le meilleur.
Bien que la douleur soit forte, elle est indispensable pour s'élever. Elle nous change à jamais, on demande à Allah de ne plus retourner en arrière.
La mort de mon fils m'a fait prendre conscience que cette vie n'est pas éternelle, qu'il faut œuvrer pour l'au-delà et multiplier les bonnes actions.
La mort est une certitude.
Qu'Allah reprenne notre âme lorsqu'il sera le plus satisfait de nous, puissions-nous mourir en pleine soumission envers lui.
Amin.

LETTRE A MA SŒUR

Chère sœur,

Toi qui as parcouru mon histoire, je te remercie.
Si tu as connu une épreuve similaire, je comprends ton désarroi, ta peine et ta douleur. On se sent si seule, incomprise, naviguant entre le deuil et l'espoir d'un jour meilleur. La perte d'un enfant est une chose innommable, ce petit trésor à fait de toi une mère, et rien ne pourra enlever l'amour que tu lui portes.

Ma sœur, il est important que tu saches que chaque chose qu'Allah fait est bénéfique pour toi. L'épreuve que tu traverses a pour but de te rendre meilleure. Accroche-toi à Al Latif, Le Bon dans l'épreuve car il est celui qui apaise les cœurs.

Le prophète sallallahu 'alayhi wa sallam relate qu'Allah a dit : « Lorsque mon serviteur se rapproche de Moi d'un empan, Je me rapproche de lui d'une coudée. Lorsqu'il se rapproche de Moi d'une coudée,
Je me rapproche de lui d'une envergure (de bras), et lorsqu'il vient vers Moi en marchant, Je me hâte vers lui. »
Rapporté par Al Bukhari

Ma sœur, il est important d'extérioriser ce que tu as sur le cœur. Tu peux trouver des personnes bienveillantes avec lesquelles tu pourras parler ouvertement de ce que tu ressens.

Ne te ferme pas sur toi-même. Si tu connais des moments difficiles, n'hésite pas à te faire aider par un professionnel. Et quand le chagrin te consume, n'aie pas honte de pleurer. Laisse tes larmes couler s'il le faut. Tu es humaine, tu as le droit d'exprimer tes émotions et ressentis.

Ma chère sœur, sois patiente, cet enfant que tu as perdu, tu le retrouveras Bi idhni Allah au paradis. Vos retrouvailles seront magnifiques in cha Allah.

Imagine-toi entrer au paradis, et que ton enfant qui t'a tant manqué ici-bas accoure vers toi et te saute dans les bras ! Imagine, tout ce que vous aurez à vous dire. Supporte d'une belle patience comme le prophète Yacoub lorsqu'il fut séparé de son fils Youssouf aleyhi salam.

Certes après la pluie vient le beau temps Kheyr in cha Allah.

Ma sœur cherche le secours auprès d'Allah, car il est le Seul à pouvoir nous délivrer de nos souffrances et de nos fardeaux.

Multiplie les bonnes actions, ne lâche pas les invocations, proclame la Louange d'Allah au matin et au soir, que ta langue ne cesse jamais d'évoquer Allah.

Chère sœur, un jour viendra où ton cœur sera apaisé et tu retrouveras le sourire in cha Allah.

Un dernier conseil, chère sœur, n'oublie pas de prendre soin de toi. Personne ne le fera à ta place. Fais les causes pour aller de l'avant : lis, cultive-toi, sors, fais du sport, fais-toi belle, souris et resplendis.

Que ta lumière éclaire ton entourage !

REMERCIEMENTS

Tout d'abord, je remercie Allah de m'avoir permis d'écrire ce livre.

Je le remercie de m'avoir permis de partager mon histoire qui, je l'espère, aidera plus d'une femme confrontée de près ou de loin au deuil périnatal.
Si mon histoire peut redonner un infime espoir à ceux qui traversent un deuil, je n'aurai pas fait cela en vain. J'espère que ce livre apportera un réconfort à toutes mes sœurs et qu'il informera les proches sur certains comportements qu'ils peuvent avoir.

Je suis reconnaissante envers Al Mu'akhkhir, Celui qui éloigne de m'avoir repris mon fils. Abdoullah m'a fait mûrir par sa présence et sa disparition.
Je le remercie pour tous les bienfaits qu'il m'a accordés ainsi que ma fille Kady, ma petite fleur qui ne sera jamais Abdoullah. Tu as ta place dans notre famille.
Tu es aimée pour celle que tu es.

Je tiens à remercier mon époux pour son soutien indéfectible, pour la confiance qu'il porte en moi à chacun de mes projets. Merci d'être toi et de m'accepter telle que je suis.

Je remercie également ma famille, ma belle-famille et mes amies pour le soutien apporté pendant et après cette épreuve. Certes, je me suis sentie parfois seule, mais je n'oublie pas votre présence et vos attentions.

Mention pour Aissé M, Radidjetou N, et Aissatou D. Merci pour votre soutien au quotidien.
Je vous remercie d'avoir cru en moi pour ce projet et de toujours me motiver. Qu'Allah vous récompense, Amin !

Je remercie également mes enfants Ali et Assa pour la sagesse de leurs mots d'enfants. Vos petits rappels m'ont impactée à jamais. Je prie Allah de vous maintenir sur sa voie. Amin. J'ai l'espoir qu'un jour vous pourrez lire et comprendre ce livre dont vous avez fortement contribué.

Un grand merci aux auteurs du livre *Ne sois pas triste* ; le lire a adouci mon cœur. Cet ouvrage m'a été d'une grande aide pour faire preuve de résilience et savoir apprécier ce qu'Allah a mis sur mon chemin.

TABLE DES MATIERES

INTRODUCTION 9

CHAPITRE I : LE DESIR 11

CHAPITRE II : LA GROSSESSE 15

CHAPITRE III : DESILLUSION 21

CHAPITRE IV : L'ACCOUCHEMENT 27

CHAPITRE V : L'HOSPITALISATION ET LES DOUTES 33

CHAPITRE VI : « OH ALLAH[…] » 41

CHAPITRE VII : A JAMAIS ET POUR TOUJOURS 47

CHAPITRE VIII : LE POIDS DU REGARD 51

CHAPITRE IX : PARTIR 57

CHAPITRE X : LA GROSSESSE D'APRES 63

CHAPITRE XI : BIENVENUE MA FILLE 73

CHAPITRE XII : LE PLAN D'ALLAH 77

LETTRE A MA SOEUR 81

REMERCIEMENTS 87